Exploremos la ciencia

EXPLOREMOS EL SISTEMA SOLAR

AMANDA DOERING TOURVILLE

Rourke
Educational Media

rourkeeducationalmedia.com

www.rourkeeducationalmedia.com

Content Consultant: Diane M. Bollen, Research scientist, Cornell University

Photo credits: Jurgen Ziewe/Shutterstock Images, cover; Noel Powell, Schaumburg/Shutterstock Images, cover; Shutterstock Images, 1, 7, 16, 22, 29; Vasiliki Varvaki/iStockphoto, 4; NASA/AP Images, 5 (top), 8-9 (background), 11, 15, 17; Steven Wynn/iStockphoto, 5 (bottom); Red Line Editorial, Inc., 6, 34; iStockphoto, 8 (foreground), 36, 38; David Gaylor/iStockphoto, 10; TASS/AP Images, 12; Dorling Kindersley, 13, 14 (bottom), 18, 23, 24, 27, 30, 39; AP Images, 14 (top); Lars Lentz/iStockphoto, 19; Mahesh Kumar A/AP Images, 20; Michael Taylor/Shutterstock Images, 21; Shcherbakov Ilya/Shutterstock Images, 25; Martin Adams/iStockphoto, 26; Sabino Parente/Shutterstock Images, 28, 31, 32; Terry Renna/AP Images, 33; Stephan Messner/iStockphoto, 35; Carolina K. Smith/iStockphoto, 37; Eric Reed/San Bernardino Sun/AP Images, 40-41 (background); Rolf Meier/iStockphoto, 41; Jim McDonald/AP Images, 42; Christian Tatot/AP Images, 43; Scaled Composites/AP Images, 44; Chris O'Meara/AP Images, 45

Editor: Amy Van Zee
Cover and page design: Kazuko Collins
Editorial/Production services in Spanish
by Cambridge BrickHouse, Inc.
www.cambridgebh.com

Tourville, Amanda Doering
 Exploremos el Sistema Solar / Amanda Doering Tourville
 ISBN 978-1-63155-078-2 (hard cover - Spanish)
 ISBN 978-1-62717-336-0 (soft cover - Spanish)
 ISBN 978-1-62717-531-9 (e-Book - Spanish)
 ISBN 978-1-61590-562-1 (soft cover - English)
Library of Congress Control Number: 2014941386

Also Available as:

Rourke Educational Media
Printed in the United States of America,
North Mankato, Minnesota

rourkeeducationalmedia.com

customerservice@rourkeeducationalmedia.com • PO Box 643328 Vero Beach, Florida 32964

Contenido

Capítulo 1

EXPLORACIÓN ESPACIAL

Las personas han observado el cielo nocturno durante miles de años. Los pueblos antiguos utilizaban las posiciones de las estrellas y planetas en el cielo para indicar el paso del tiempo. Los antiguos griegos agruparon las estrellas en **constelaciones**. En 1610, Galileo Galilei construyó un telescopio para ver más lejos en el cielo nocturno. Con su telescopio, Galileo descubrió más acerca del universo que cualquier persona antes que él.

La exploración espacial ha recorrido un largo camino desde los descubrimientos de Galileo. Muchas naves espaciales han sido lanzadas en el sistema solar para fotografiar y recopilar información. La gente incluso ha caminado sobre la Luna.

Todas las estrellas que se pueden ver en el cielo nocturno pertenecen a la Vía Láctea.

Los científicos que van al espacio son llamados **astronautas**. Los que estudian el espacio desde la Tierra son llamados **astrónomos**. Los astronautas y los astrónomos trabajan juntos para obtener información sobre nuestro universo. Los astrónomos usan las matemáticas y una ciencia llamada **física**.

La física es el estudio de cómo funciona el mundo. Los físicos observan e identifican las leyes del movimiento y de la **gravedad**. La gravedad es la fuerza que nos mantiene en la Tierra. Nos hala hacia abajo.

Galileo Galilei vivió de 1564 a 1642.

5

Los astrónomos utilizan los principios de las matemáticas y la física para aprender sobre la naturaleza del universo. Como el universo es tan grande, los astrónomos tienen que utilizar sus conocimientos de matemáticas y física para crear teorías sobre lo que es difícil de observar.

Por ejemplo, los físicos saben que la luz viaja a 186,282 millas (299,792 kilómetros) por segundo. Ellos pueden utilizar este número para determinar la distancia entre los planetas. Usando las matemáticas y la física, los astrónomos pueden averiguar cuánto tomaría viajar a un planeta o a una estrella, usando años luz. Un año luz es la distancia que viaja la luz en un año.

Calculemos cuán lejos viaja la luz en un año

$$\text{velocidad de la luz} = \frac{186{,}282 \text{ millas (299,792 kilómetros)}}{\text{un segundo}}$$

Usa la velocidad de la luz para averiguar cuánto viaja la luz en un año. En primer lugar, tienes que saber que hay unos 31,536,000 segundos en un año. Entonces:

$$\frac{31{,}536{,}000 \text{ segundos}}{\text{un año}} \times \frac{186{,}282 \text{ millas (299,792 kilómetros)}}{\text{un segundo}} =$$

$$\frac{5.9 \text{ billones de millas (9.5 billones de kilómetros)}}{\text{un año}}$$

Un año luz equivale a 5.9 billones de millas (9.5 billones de kilómetros).

El universo es gigante. Pero con telescopios enormes se pueden observar otras galaxias que están a miles de millones de años luz de distancia. Una galaxia es un sistema grande integrado por millones de billones de estrellas, polvo y gas. Un sistema solar es un grupo de objetos, como planetas, que orbitan alrededor de una estrella. La Vía Láctea contiene a nuestro sistema solar. La Tierra es parte de este sistema.

Existen otros sistemas solares en la galaxia Vía Láctea. La Vía Láctea tiene cientos de miles de millones de estrellas, una de las cuales es el Sol. Cualquier estrella que puedes ver en el cielo nocturno está en la vía Láctea.

Nuestro sistema solar incluye el Sol, ocho planetas, cinco planetas enanos y muchas lunas, cometas, asteroides y meteoritos. Los planetas, planetas enanos, cometas, asteroides y meteoritos orbitan el Sol. Esto significa que viajan en una trayectoria alrededor del Sol. Lo hacen debido al potente tirón gravitacional del Sol. Una luna orbita un planeta debido a la fuerza gravitacional del planeta. Cada planeta, planeta enano y luna también gira o rota, sobre su propio eje invisible mientras orbita.

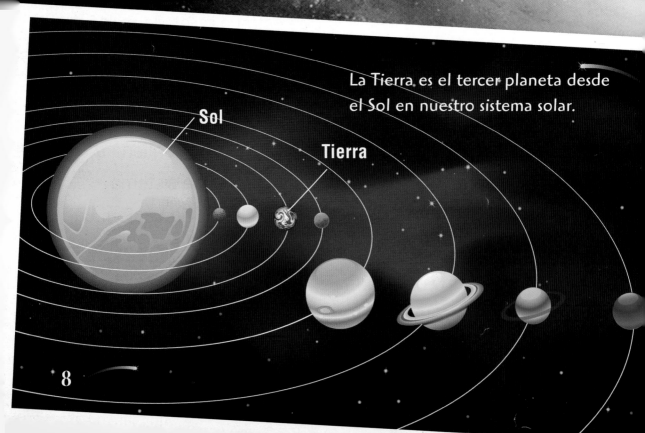

La Tierra es el tercer planeta desde el Sol en nuestro sistema solar.

Sol

Tierra

Hay muy buenas razones para explorar nuestro sistema solar y el espacio más allá de él. Explorar nuestro sistema solar ayuda a los científicos a descubrir nuestro lugar en el vasto universo. Mediante el estudio de otros planetas, aprendemos más sobre la Tierra y lo que la hace única.

Las galaxias se agrupan de acuerdo a sus formas. M81 es una galaxia de espiral. Otras formas son elípticas e irregulares.

Capítulo 2

¿QUÉ HERRAMIENTAS USAN LOS ASTRÓNOMOS PARA ESTUDIAR EL ESPACIO?

Los astrónomos necesitan herramientas apropiadas para hacer su trabajo. Ellos usan telescopios, naves espaciales y equipos para recoger y analizar información nueva sobre el espacio. Los astrónomos usan telescopios para ver objetos distantes en el cielo nocturno. Los telescopios agrandan objetos distantes recopilando la luz proveniente de estos, enfocándola y agrandando la imagen cuando entra al ojo.

¿SABÍAS QUE...?

Incluso las galaxias más cercanas están a miles de millones de años luz de distancia. Como la luz de estas galaxias tarda millones de años en llegar a nosotros, cuando vemos estas galaxias usando telescopios de alta potencia, lo que estamos viendo en realidad es cómo eran esas galaxias hace millones o miles de millones de años atrás.

Los primeros telescopios eran muy simples y solo agrandaban los objetos hasta 20 veces su tamaño original. Esto fue suficiente para descubrir nuevos objetos en el cielo nocturno.

Los telescopios de hoy han recorrido un largo camino. Son grandes y poderosos. En la Tierra, están en edificios enormes. Algunos telescopios se han puesto en la órbita de la Tierra para acercarlos a los objetos lejanos. En 1990, los astrónomos y astronautas pusieron en órbita el telescopio más poderoso que el mundo haya visto jamás. El telescopio espacial Hubble ha descubierto nuevas galaxias y produjo algunas de las imágenes más claras y más asombrosas del espacio.

El telescopio espacial Hubble puede observar objetos a miles de millones de años luz de distancia.

Sputnik 1

¿SABÍAS QUE...?

En octubre de 1957, la Unión Soviética lanzó el primer satélite artificial, Sputnik 1. El satélite era una esfera con cuatro antenas. Sputnik orbitó la Tierra en 98 minutos. Un mes después, lanzaron el Sputnik 2. Esta vez, fue una perra llamada Laika a bordo del satélite.

Los espectrómetros antiguos eran grandes y tenían dos brazos, como este. Algunos de los modelos modernos son muy pequeños.

Los espectrómetros también recolectan la luz de los objetos en el espacio. Un espectrómetro separa la luz en colores. Los astrónomos pueden obtener ciertos datos a partir de la luz, tales como la temperatura de un objeto, en qué dirección está viajando, qué tan rápido se mueve, cuánto pesa y de qué está hecho. Los astrónomos reúnen gran parte de su información en las naves espaciales. Las sondas que se envían a orbitar otros planetas nos proporcionan información que podría ser desconocida o confirmar cosas ya conocidas. Algunas naves son tripuladas, pero muchas no lo son. Las naves orbitales proporcionan a los astrónomos imágenes de las superficies de los planetas y de la Luna.

¿SABÍAS QUE...?

En 1958, los Estados Unidos creó la NASA (Administración Nacional De Aeronáutica y el Espacio). La NASA comenzó a trabajar en el Proyecto Mercurio, el primer programa norteamericano de naves tripuladas por humanos.

Otras naves espaciales útiles incluyen sondas no tripuladas que se lanzan a la **atmósfera** de un planeta o se envían lejos en el espacio para estudiar el Sol, los planetas y otros cuerpos espaciales. Los todoterrenos y las naves no tripuladas exploran las superficies de los planetas y lunas y traen de vuelta muestras de suelo y rocas para que los astrónomos las estudien.

Andariego

14

Más de 15 países contribuyeron a construir la Estación Espacial Internacional.

Los astrónomos utilizan computadoras para almacenar y procesar imágenes e información enviada desde telescopios, espectrómetros y naves espaciales. También utilizan ordenadores para escribir programas de software para el control de satélites y telescopios.

En 1998, se inició la construcción de la primera parte de la Estación Espacial Internacional. En el año 2000, el primer equipo internacional se quedó en la estación espacial. Algunos miembros de la tripulación permanecieron durante varios meses, haciendo experimentos en el espacio. La estación espacial es un paso hacia adelante para ayudar a los científicos a estudiar el vasto universo.

Capítulo 3

EL SOL Y LOS PLANETAS TERRESTRES

Aunque existen muchos sistemas solares, estamos más familiarizados con el nuestro. El Sol es una estrella grande en el centro de nuestro sistema solar. Es una fuente de energía de gran alcance que da la luz y el calor necesarios para la vida en la Tierra. El Sol controla el tiempo en nuestro sistema solar. Además, mantiene unido al sistema solar con su gran fuerza gravitacional.

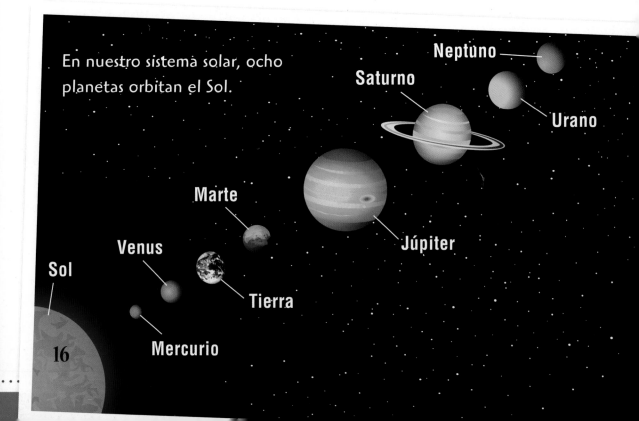

En nuestro sistema solar, ocho planetas orbitan el Sol.

Neptuno

Saturno

Urano

Marte

Júpiter

Venus

Sol

Tierra

Mercurio

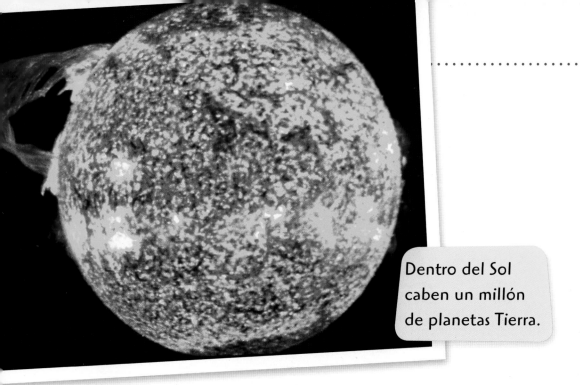

Dentro del Sol caben un millón de planetas Tierra.

Como todas las estrellas, el Sol se compone de gases muy calientes: hidrógeno y helio. La superficie del Sol está a 10,000 grados Fahrenheit (5,500 grados Celsius). El núcleo del Sol es el más caliente. Tiene una temperatura de 27 millones de grados Fahrenheit (15 millones de grados centígrados). Para nosotros, el Sol es enorme, pero en comparación con otras estrellas, el Sol es solo de tamaño mediano. Otras estrellas son diez veces más grandes que nuestro Sol, pero como están muy lejos, parecen pequeñas desde la Tierra. El Sol está a 93 millones de millas (150 millones de kilómetros) de la Tierra. La luz del Sol tarda solo ocho minutos en llegar a la Tierra, mientras que la luz de la estrella más cercana tarda más de cuatro años en llegar a nuestro planeta.

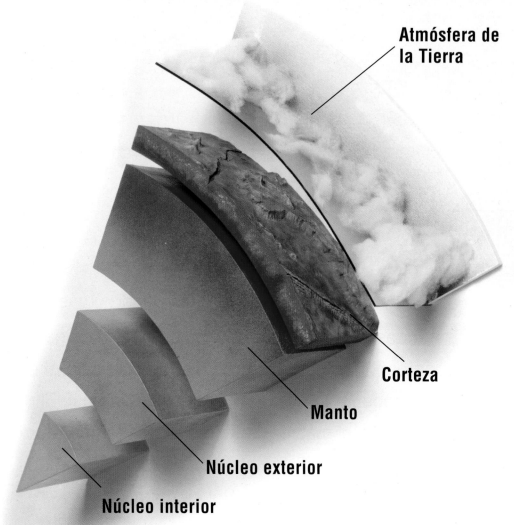

Atmósfera de la Tierra

Corteza

Manto

Núcleo exterior

Núcleo interior

Cada uno de los ocho planetas que orbitan el Sol tiene una atmósfera que lo rodea. Una atmósfera es una capa de gases. A menudo, estos gases forman nubes, como las de la Tierra. La atmósfera ayuda a proteger el planeta de los meteoroides y cometas que chocarían con él. La mayoría de los meteoroides se queman en la atmósfera del planeta. La atmósfera también ayuda a controlar la temperatura del planeta.

Los cuatro planetas más cercanos al Sol son: Mercurio, Venus, la Tierra y Marte. Estos planetas tienen superficies rocosas y sólidas. Se llaman planetas **terrestres**, y son los cuatro planetas más pequeños en órbita alrededor del Sol.

MERCURIO

Mercurio es el primero de los planetas terrestres y el más pequeño de nuestro sistema solar. Es un poco más grande que la luna de la Tierra. Mercurio tiene una atmósfera muy fina que no protege su superficie. En él existen muchos cráteres de impactos con meteoritos y cometas.

Mercurio es un planeta muy pequeño y muy denso.

Mercurio presenta la más amplia gama de temperaturas de cualquier planeta. Por estar tan cerca del Sol, las temperaturas diurnas de Mercurio pueden llegar aproximadamente a 800 grados Fahrenheit (430 grados centígrados). Pero, como tiene una atmósfera muy fina no mantiene el calor, por lo que las noches de Mercurio son muy frías. Las temperaturas nocturnas bajan hasta los –280 grados Fahrenheit (–175 grados Celsius). Debido a las altas y bajas temperaturas, la vida tal y como la conocemos no podría existir en Mercurio.

Aparte de la Luna, Venus es el objeto más brillante en el cielo nocturno de la Tierra.

Venus rota en dirección contraria a la Tierra. En Venus, el Sol sale por el Oeste y se pone por el Este.

VENUS

Venus es el segundo de los planetas terrestres y el segundo planeta desde el Sol. Venus es a veces llamado "planeta hermano de la Tierra". Esto se debe a que Venus es muy similar en tamaño a la Tierra. Venus y la Tierra están compuestos de elementos similares y tienen fuerzas gravitatorias parecidas. Pero ambos planetas tienen muchas diferencias.

La atmósfera de Venus es espesa y turbulenta. La presión es 90 veces mayor que la presión en la Tierra. Esta presión es tan alta que aplastaría un metal. La atmósfera está formada mayormente por dióxido de carbono, un gas que atrapa el calor del Sol y genera temperaturas de casi 900 grados Fahrenheit (480 grados centígrados), Venus es aún más caliente que Mercurio. Los vientos de Venus son de alrededor de 220 millas por hora (355 kilómetros por hora). Estos son tan rápidos como los vientos de un huracán en la Tierra.

Más del 70 por ciento de la Tierra está cubierta de agua.

LA TIERRA

La Tierra es el tercer planeta terrestre y el tercer planeta desde el Sol. Según lo que saben los científicos, es el único planeta con vida. Es el único planeta que se conoce que contiene agua líquida, que es necesaria para los seres vivos.

Los seres humanos, los animales y las plantas son capaces de vivir en la Tierra debido a su distancia del Sol. El calor del Sol es suficiente para mantener la vida, no para matarla.

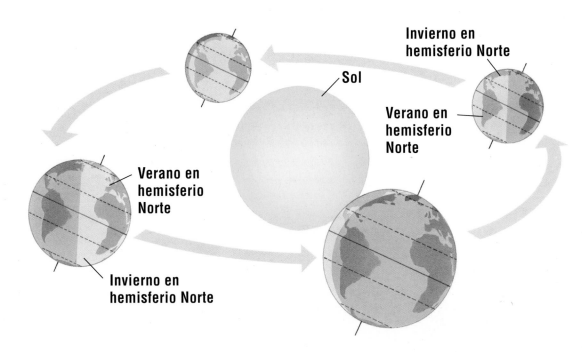

La atmósfera de la Tierra protege la vida de la mayor parte de los rayos dañinos del Sol. La atmósfera atrapa un poco del calor del Sol y por esto en la Tierra no hay temperaturas extremas como en Mercurio. Pero la atmósfera de la Tierra permite salir el calor del Sol lo suficiente como para que esta no se sobrecaliente como Venus.

La Tierra gira alrededor de un eje que está inclinado 23 grados. Esta inclinación origina las cuatro estaciones en la Tierra. La mitad de la Tierra que está inclinada hacia el Sol recibe más luz y experimenta días más largos. Esta época del año es el verano. La otra mitad está más alejada del Sol y experimenta el invierno.

MARTE

Marte es el último de los planetas terrestres y el cuarto planeta desde el Sol. Marte parece rojo porque su suelo es rico en óxido de hierro, o herrumbre. Las tormentas de polvo son comunes en Marte. Estas tormentas amontonan el polvo rojo en colinas gigantes. Marte tiene una atmósfera muy delgada de dióxido de carbono.

Marte es el planeta más parecido a la Tierra. Su eje está inclinado, como el de la Tierra, Marte tiene estaciones, y también tiene volcanes, montañas y cañones. Marte pudo haber tenido agua líquida en su superficie, pero ahora es demasiado frío como para tenerla, pero existe hielo en sus polos.

Los científicos están investigando si alguna vez hubo pequeños organismos vivos en Marte.

Capítulo 4

LOS GIGANTES DE GAS

Los cuatro planetas que están más allá de la órbita de Marte son: Júpiter, Saturno, Urano y Neptuno. Estos cuatro planetas son llamados gigantes de gas y son más grandes que los planetas terrestres.

Dentro de Júpiter caben 1,300 planetas Tierra.

¿SABÍAS QUE...?

Júpiter, como los otros gigantes de gas, rota más rápidamente que los planetas terrestres. Un día en Júpiter dura menos de diez horas, en comparación con las 24 horas en la Tierra. Como está tan lejos del Sol, Júpiter tarda casi 12 años en completar una órbita alrededor del Sol.

JÚPITER

Júpiter es el quinto planeta desde el Sol. Es el planeta más grande de nuestro sistema solar. Júpiter parece que está hecho de bandas claras y oscuras de nubes coloreadas. Estas bandas son creadas por fuertes vientos en la atmósfera de Júpiter. Dentro de estas bandas hay tormentas. Una tormenta visible en Júpiter es la gran mancha roja. El núcleo de Júpiter puede que sea sólido. La atmósfera de Júpiter está compuesta por hidrógeno y helio. Como Venus, la presión de la atmósfera de Júpiter es suficiente para aplastar un metal. En 1979 los astrónomos descubrieron que Júpiter tiene tres anillos alrededor de él. Estos anillos están hechos de pequeñas partículas de polvo.

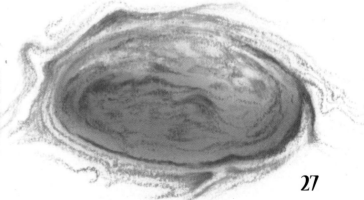

La gran mancha roja es una tormenta que ha durado todo el tiempo que Júpiter ha sido observado —unos 400 años.

Saturno es el segundo planeta más grande del sistema solar.

SATURNO

Saturno es el sexto planeta desde el Sol y el segundo gigante de gas. Debido a sus hermosos anillos, Saturno se llama la joya del sistema solar.

Los miles de anillos de Saturno están constituidos por partículas de hielo y roca. Los tamaños de estas partículas van desde un grano de arena hasta el tamaño de una casa. Los astrónomos creen que estas partículas son partes de cometas, asteroides y lunas que fueron despedazadas por la gravedad de Saturno.

La atmósfera de Saturno está constituida principalmente por los gases hidrógeno y helio. Saturno también tiene bandas de nubes formadas por los vientos, pero son difíciles de ver. La velocidad del viento en el ecuador de Saturno llega a las 1,100 millas por hora (1,770 kilómetros por hora). En comparación, los tornados más devastadores de la Tierra producen vientos de unas 300 millas por hora (480 kilómetros por hora).

URANO

Urano es el séptimo planeta desde el Sol y es el tercer gigante de gas. Urano es muy difícil de estudiar porque está muy lejos de la Tierra.

Trece anillos orbitan a Urano.

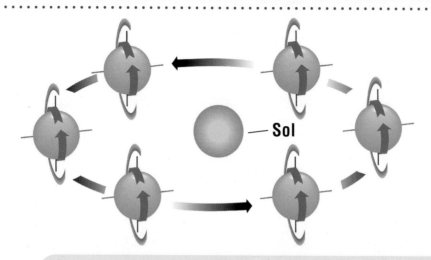

Sol

El eje de Urano está ladeado, por lo que el planeta rota en la horizontal. Los astrónomos piensan que un objeto grande chocó contra él y le cambió su rotación.

Urano está compuesto por hidrógeno y helio, con gas metano en la atmósfera superior. El gas metano le da a Urano su color azul verdoso. Como Venus y Júpiter, la atmósfera de Urano tiene alta presión, suficiente para aplastar metales. La atmósfera de Urano es muy fría, alrededor de los –350 grados Fahrenheit (–210 grados Celsius). El núcleo del planeta, sin embargo, es muy caliente. Puede alcanzar los 12,600 grados Fahrenheit (7,000 grados Celsius).

SABÍAS QUE...?

El día en Urano dura 17.2 horas, pero un año dura mucho tiempo. Urano tarda 84 años terrestres en orbitar el Sol. Cada estación dura más de 20 años terrestres en Urano.

NEPTUNO

Neptuno es el planeta más alejado del Sol y el último gigante gaseoso. Como Urano, Neptuno es muy difícil de estudiar porque está muy lejos de la Tierra. Neptuno parece azul porque lo rodean nubes de gas metano congelado.

Neptuno es el lugar más ventoso de nuestro sistema solar. Los vientos en Neptuno alcanzan las 1,200 millas por hora (1,900 kilómetros por hora). Como Júpiter, Neptuno tiene grandes tormentas que soplan a través de su atmósfera. También tiene seis anillos que lo orbitan.

Neptuno tarda 165 años terrestres en orbitar el Sol.

Capítulo 5

PLANETAS ENANOS Y LUNAS

Hasta el 2006, nuestro sistema solar tuvo nueve planetas. Este cuerpo pequeño, rocoso y helado fue nombrado Plutón. Plutón era el planeta más alejado del Sol. También era el planeta más pequeño. En 2006, los astrónomos de la Unión Astronómica Internacional (UAI) establecieron nuevos criterios para definir un planeta. Bajo los nuevos criterios, Plutón ya no califica como un planeta. Fue reclasificado como un planeta enano.

Plutón en más pequeño que la Luna.

En 2008, la UAI decidió llamar plutoides a todos los planetas enanos más allá de la órbita de Neptuno. Esta zona es conocida como el cinturón de Kuiper. Un planeta enano puede o no ser considerado un plutoide, dependiendo de dónde se encuentre. Cinco planetas enanos orbitan el Sol. Sus nombres son: Ceres, Plutón, Haumea, MakeMake y Eris.

CERES

Ceres es el único planeta enano no **plutoide**. Orbita el Sol entre Marte y Júpiter. Ceres fue descubierto en 1801. En 2006, Ceres fue clasificado como un planeta enano.

Cinturón de Kuiper

Sol

Neptuno

PLUTÓN

En 2008, Plutón fue clasificado como plutoide pues está en un área llamada el Cinturón de Kuiper, que está después de la órbita de Neptuno. Plutón está tan lejos de la Tierra que tarda 248 años terrestres en completar una vuelta alrededor del Sol.

HAUMEA

Haumea fue descubierto en 2004 y clasificado como planeta enano en 2008. Orbita el Sol más allá de Neptuno, en el Cinturón de Kuiper, por lo que es un plutoide. Haumea es más ovalado que esférico.

MAKEMAKE

MakeMake fue descubierto en 2005 y clasificado planeta enano en 2008. Es el tercer planeta enano en tamaño y es un plutoide.

ERIS

Eris fue descubierto en 2005 y clasificado enano en 2006. Como su órbita está más lejos que Neptuno, en el Cinturón de Kuiper, es un plutoide. Eris es el planetoide más grande, pero es menor que la Luna.

Eris es el objeto más distante observado que orbita el Sol. Está a unos 10 mil millones de millas (16 mil millones de kilómetros) del Sol. Tarda 560 años en completar una órbita.

LUNAS

Las lunas son objetos de la naturaleza que orbitan los planetas enanos o los planetas. Los astrónomos han encontrado más de 146 lunas que orbitan los ocho planetas del sistema solar, pero podrían haber más. Algunos planetas no tienen lunas y otros tienen muchas.

La Tierra tiene una luna. La Luna gira una vez sobre su propio eje cada vez que orbita la Tierra. A consecuencia de esto, siempre vemos la misma cara de la Luna.

¿SABÍAS QUE...?

La Luna no es solo hermosa, sino también útil. Ayuda a mantener a la Tierra a estBilizar su eje, estaBilizando el Clima. La Luna también regula las mareas De los océanos.

Mercurio y Venus no tienen lunas. Marte tiene dos lunas llamadas Deimos y Fobos. Son muy pequeñas y están cubiertas de cráteres.

Los gigantes de gas tienen más lunas que los planetas terrestres. Júpiter tiene más de 60. Una de ellas es la luna más grande del sistema solar, se llama Ganímedes.

La Luna tiene una atmósfera muy fina que no ofrece casi ninguna protección contra meteoritos. Por esta causa, su superficie está cubierta de cráteres.

Capítulo 6

¿QUÉ MÁS HAY EN EL SISTEMA SOLAR?

Además del Sol, los planetas, los planetas enanos, y las lunas, nuestro sistema solar es hogar de millones de pequeños cuerpos que orbitan el Sol. Estos cuerpos son asteroides, meteoroides y cometas.

ASTEROIDES

Los asteroides son pedazos de roca hechos de los mismos materiales que los planetas terrestres. Estos cuerpos rocosos son muy pequeños para ser considerados planetas, pero orbitan el Sol. A veces los científicos llaman planetas menores a los asteroides.

El tamaño de los asteroides va desde menos de un pie (o menos de un metro) hasta casi 600 millas (965 kilómetros) de largo. Los planetas son esféricos, pero los asteroides tienen formas extrañas.

Algunos asteroides son lo suficientemente grandes como para tener lunas. Estos pares son llamados asteroides binarios. Ida es un asteroide que tiene su propio satélite natural orbitándolo.

Ida

Los asteroides del sistema solar se encuentran en el cinturón de asteroides entre Marte y Júpiter. Sin embargo, también se han encontrado asteroides errantes. Algunas veces, los asteroides chocan con los planetas. Los científicos monitorean los asteroides que pasan cerca de la Tierra por si acaso uno se acerca demasiado.

METEOROIDES, METEOROS Y METEORITOS

Los meteoroides son más pequeños que los asteroides. Los meteoroides están constituidos por rocas y metales. Cuando un meteoroide entra en la atmósfera terrestre, se le llama **meteoro**. Los meteoros pueden entrar a la atmósfera bastante grandes, pero la atmósfera de la Tierra los quema. Por esta razón parecen brillar.

La mayoría de los meteoros se queman antes de llegar al suelo, pero a veces caen a la superficie. Cuando lo hacen, se llaman meteoritos. Estos meteoritos causan raramente cráteres de impacto en la superficie de la Tierra. Hay un enorme cráter en el estado de Arizona, en América del Norte. Tiene aproximadamente tres cuartos de milla (1.2 kilómetros) de un lado al otro.

Las lluvias de meteoritos se ven como rayas de luz en el cielo.

Los meteoros pueden pasar al azar, pero algunos pueden ocurrir durante el mismo tiempo cada año. Se llama lluvia de meteoros a los tiempos en que aumenta la actividad meteórica. Dichas lluvias parecen venir desde el mismo lugar del cielo y son llamadas de acuerdo a la constelación de estrellas desde las que parecen aparecer.

La más famosa de todas las lluvias de meteoros, las Perseidas, puede verse cada año alrededor del 12 de agosto. Es más visible en el hemisferio Norte.

Meteorito

El cometa Hyakutake fue visto sobre Frankfurt, Alemania, en 1996.

COMETAS

Los cometas son cuerpos de hielo y roca que orbitan el Sol. Sus órbitas son más ovaladas que las órbitas de los planetas, asteroides y planetas enanos. Los cometas constan de un núcleo sólido y una atmósfera brumosa. Al aproximarse al Sol, los cometas se calientan, desprendiendo gas y polvo detrás de ellos. El Sol ilumina la cola, haciéndola brillar. Un cometa popular es el cometa Halley. Este puede verse en el cielo nocturno cada 76 años. La última vez que apareció fue de 1985 a 1986. La próxima oportunidad para ver el cometa será en 2061.

POSIBILIDADES FUTURAS

Los astrónomos y astronautas han aprendido mucho sobre el universo y seguirán estudiando el espacio. La NASA tiene la meta de regresar a la Luna en 2020. También hay esperanzas de que la Luna pueda utilizarse como una parada para futuros vuelos humanos a Marte.

¿SABÍAS QUE...?

La mayoría de los cometas no brillan lo suficiente para poder verse sin la ayuda de binoculares o telescopios. Los cometas que pueden verse a simple vista se llaman cometas grandes. Uno de los últimos cometas grandes que se vio desde la Tierra fue Hale–Bopp, en 1997. Hale–Bopp se movía despacio en el cielo y fue visible por 15 meses. Debido a que Hale–Bopp es un cometa de periodo largo, este no volverá a ser visto por más de 2,300 años.

Hale–Bopp

En el futuro, unas vacaciones pueden ser un viaje al espacio. En 2001, un hombre pagó 20 millones de dólares por ir a la Estación Espacial Internacional. Varias compañías están trabajando en naves espaciales para llevar a pasajeros al espacio. Estos vuelos serán muy caros, sobre los $200,000 en moneda estadounidense. Las empresas también esperan abrir un hotel en el espacio.

En 2004, Space Ship One se convirtió en la primera nave privada en llegar al espacio.

El programa del transbordador espacial de la NASA lanzó su primera misión en 1981. Aunque este programa terminó, esto no significa el fin de la exploración espacial o de la operación de la estación espacial. Otros países continuarán proporcionando transporte a los astronautas para llegar hasta la Estación Espacial Internacional.

45

Glosario

año luz: distancia que viaja la luz en un año; la luz viaja a
186,282 millas por segundo

asteroides: pedazos grandes de roca que orbitan el Sol;
los científicos creen que son materiales que sobraron
de la formación del Sistema Solar

astronautas: gente que sale al espacio para estudiar la
Tierra y otros cuerpos celestes

astrónomos: científicos que estudian el espacio desde
la Tierra

atmósfera: masa de gases que rodea un planeta o luna

cometas: cuerpos de roca y hielo que orbitan el Sol; cuando
los cometas pasan cerca del Sol, el rastro de gases y
polvo que dejan atrás es iluminado por el Sol lo que le
da la apariencia de una cola

constelaciones: grupos de estrellas

eje: línea invisible alrededor de la que rota un planeta o luna

física: ciencia que estudia cómo funciona el universo; y cómo
la materia y la energía interaccionan

galaxias: grupo grande de estrellas y de cuerpos celestes
relacionados en el espacio

gravedad: fuerza que hala a las personas, planetas y lunas
en una dirección determinada; el Sol, la Tierra y otros
planetas tienen fuerza de gravedad

meteoro: meteoroide que entra en la atmósfera de la Tierra

meteoritos: meteoro que llega a chocar contra la superficie
de la Tierra sin quemarse completamente

meteoroides: pequeños pedazos de roca y metal que orbitan
el Sol; son similares a los asteroides, pero más pequeños

plutoides: planetas enanos más allá de la órbita de Neptuno

satélite: cuerpo que orbita alrededor de otro; pueden
ser naturales, como la Luna, o artificiales, como una
nave espacial

terrestre: relativo a la Tierra; en el espacio, planetas
parecidos a la Tierra

teorías: ideas basadas en datos y observaciones pero que
no han sido comprobadas

Índice

Sitios de la internet

Kids Astronomy. www.kidsastronomy.com

NASA Kids' Club. www.nasa.gov/audience/forkids/kidsclub/flash/index.html

NASA Science for Kids. http://nasascience.nasa.gov/kids

Solar System Exploration. http://solarsystem.nasa.gov/kids/index.cfm

Sobre la autora

Amanda Doering Tourville es autora de más de 50 libros para niños. Ella espera que los niños aprendan a amar la lectura tanto como ella. Cuando no está escribiendo, Amanda disfruta leer, viajar y el senderismo. Ella vive en Minnesota con su esposo.